LETTRE

DE

M. THENADEY.

LETTRE

DE

M. THENADEY,

OCULISTE, DE LYON,

A

M. LE DOCTEUR A. C. MONTAIN,

Docteur-Médecin de la Faculté de Paris, ex-Chirurgien en chef de l'Hospice de la Charité de Lyon, Vaccinateur près le Dépôt de Vaccine de la même ville, Professeur d'Accouchement dans le département du Rhône, Professeur particulier d'Anatomie, de Chirurgie et de Matière médicale, Membre des Sociétés médicales de Paris, Bordeaux, Besançon, Mâcon, etc.

Parturient montes, nascetur ridiculus mus. Hor.

IMPRIMERIE DE THÉODORE PITRAT,

IMPRIMEUR DE S. A. R. M.gr LE DUC D'ANGOULÊME, ET LIBRAIRE, RUE DU PÉRAT, N° 28, A LYON.

1824.

LETTRE

DE

M. THENADEY,

A

M. LE DOCTEUR A. C. MONTAIN.

Monsieur,

J'ai lu dans le N° 10 des Annales physiologiques du docteur Broussais, un article intitulé : *Quelques considérations sur les phlegmasies des yeux, éclairées par la Médecine physiologique*; par le docteur Montain, etc.

Ce titre, Monsieur, et votre réputation me faisaient espérer des découvertes nouvelles, des observations intéressantes ; je n'y ai trouvé que des invectives contre les Oculistes, les Officiers de santé et les Juris de médecine, quatre ou cinq observations insignifiantes (1) et l'apologie de la méthode que vous croyez avoir créée pour l'opération de la Cataracte.

Vous lancez l'anathême contre tous les Ocu-

(1) Je dis insignifiantes; car, excepté les choroïdites que vous voyez partout, il n'est question que des antiphlogistiques appliqués au traitement des phlegmasies des yeux : et ceci n'est pas nouveau.

listes passés, présens ou à venir; pour être juste, monsieur, il ne faut pas être exclusif, et si, dans tous les états, même dans le vôtre, il se trouve des individus qui méconnaissent l'honneur de leur profession, faut-il pour cela frapper les autres d'une réprobation générale ?....

Je me trouve du nombre de ces Oculistes proscrits (car vous n'exceptez personne); cependant je suis, comme vous, Monsieur, pénétré des devoirs de mon état, et je fais mon possible pour les remplir d'une manière honorable et utile à l'humanité.

Je voyage, il est vrai; mais les voyages ne sont-ils donc pas indispensables à celui qui se consacre au traitement des maladies de l'œil ? .... Comment le praticien sédentaire pourra-t-il acquérir une connaissance parfaite de toutes les affections de ces organes et la dextérité si nécessaire à celui qui veut être opérateur, s'il n'a pas tous les jours des malades à examiner et des opérations à pratiquer (1) ? Tels sont cependant les avantages de l'Oculiste voyageur les affections oculaires se présentant à lui en grand nombre et sous toutes les formes, il peut recueillir d'excellentes observations; opérant presque tous les jours et souvent plusieurs malades à la fois, il lui est fa-

(1) Je ne parle pas ici de MM. les chirurgiens-majors, de l'Hôtel-Dieu de Lyon, qui pratiquent, chaque année, un grand nombre d'opérations de Cataracte.

cile de faire l'essai des différentes méthodes, de les comparer, et d'en perfectionner les divers procédés.

Les éloges, monsieur, que vous donnez à votre méthode pour opérer la Cataracte, m'ont inspiré le désir d'en connaître le traité. Mais qu'allez-vous dire de mon ignorance, si j'ai le mauvais goût de nommer erreur, ce que vous décorez du titre d'excellent ?....

Et, d'abord, cet ABAISSEMENT ANTÉRO-POSTÉRIEUR, que vous présentez à l'admiration des gens de l'art; cet abaissement, dont vous n'avez trouvé aucune trace en parcourant les nombreux auteurs qui, depuis CELSE, ont écrit sur l'opération de la Cataracte, n'est pourtant qu'une vieille *méthode ressuscitée;* et si vous eussiez lu quelques-uns de ces auteurs avec plus d'attention, je serais dispensé aujourd'hui de les rappeler à votre souvenir. Voici ce qu'on trouve à ce sujet dans l'abrégé du Dictionnaire des Sciences médicales (T. III., pages 506 et 507.)

Opération de la Cataracte par la kératonyxis.

» Quoiqu'assez récemment introduite dans le » domaine de l'art comme une méthode parti- » culière d'opérer la Cataracte, la kératonyxis est » assez ancienne ; Haan a démontré qu'elle re- » monte au commencement du dix-septième siè- » cle. On trouve dans les dissertations de Haller » un exemple de son exécution. Mauchart l'a in-

» diquée, et Bell, qui en fit connaître le procédé, » s'éleva déjà contre l'idée de la préférer aux » autres manières d'obtenir le déplacement du » cristallin. Demours publia plusieurs observa- » tions où elle avait été suivie de succès ; mais » il a depuis dédaigné de la décrire, et il la croit » en général peu avantageuse.

» La kératonyxis se trouvait donc abandonnée, » ou du moins considérée comme une ressource » extrême, applicable seulement à certains cas, » lorsque Buchorn fit valoir en sa faveur de » nouveaux argumens, et prétendit qu'elle est la » plus facile et la moins dangereuse de toutes les » manières d'opérer la Cataracte. Langenbeck » soutint la même opinion dans un Mémoire, où » il fit connaître les succès qu'il avait obtenus en » exécutant l'opération nouvelle. MONTAIN, de » Lyon, publia, en 1812, un Mémoire, *sur une » méthode inusitée* de pratiquer l'opération de la » Cataracte, et cette méthode n'était que la kéra- » tonyxis. Enfin, Feuger, à Vienne, et Guillié, » à Paris, firent paraître d'ultérieures observa- » tions concernant cette méthode opératoire. Du- » puytren ne resta pas étranger aux travaux qui » avaient pour objet de fixer définitivement la va- » leur d'un procédé dont on vantait l'excellence. » Il pratiqua, l'un des premiers, l'opération de » la Cataracte par la kératonyxis. Ne pouvant » qu'à peine découvrir et fixer les yeux d'une

» jeune fille affectée de Cataracte accidentelle, » ce praticien traversa avec une aiguille la partie » inférieure de la cornée transparente, seul en- » droit que les mouvemens convulsifs des mus- » cles laissaient à découvert. Cette opération » réussit parfaitement ; mais comme la nécessité, » et non son choix, avait forcé Dupuytren à péné- » trer dans l'œil par cette voie insolite, il n'eut » pas alors la pensée de faire de la kératonyxis » une méthode générale. Ce ne fut que quand » cette opération, pratiquée en Allemagne, re- » vint, en quelque sorte, en France, qu'il re- » porta ses idées sur elle, et qu'il en fit le sujet » de nouvelles observations et de réflexions plus » approfondies. »

La description des deux méthodes, par extraction et par abaissement, précède dans votre traité celle qui vous est particulière. J'ai remarqué qu'en détaillant le procédé de SCARPA, vous dites bien que ce chirurgien déprime le cristallin, mais vous oubliez l'essentiel, qui est d'indiquer le corps vitré comme l'endroit où a lieu cette dépression. Les avantages que l'illustre professeur de Pavie obtient par ce procédé, devraient détruire les craintes que vous manifestez plus loin en parlant de la lésion de l'hyaloïde, du cercle et des procès ciliaires.

Vous vous étendez avec une extrême complaisance sur les inconvéniens des deux méthodes. Vous reprochez à celle par abaissement, « la » lésion de la sclérotique et celle des expan- » sions aponévrotiques des muscles moteurs » de l'œil. »

Si vous eussiez pratiqué quelquefois par cette méthode, vous vous seriez convaincu que ces accidens ne sont pas redoutables.

Vous craignez aussi « la lésion du cercle et » des procès ciliaires. » Toutes les fois que j'opère par dépression, je déchire ces parties sans m'apercevoir de l'inconvénient qui vous épouvante ; d'ailleurs SCARPA est là, qui confirme par ses succès la vérité de mon assertion.

« La pointe de l'aiguille voilée aux yeux de » l'opérateur, peut, dites-vous, déchirer la mem- » brane pupillaire. »

Mais les points placés sur l'instrument, n'indiquent-ils pas d'une manière positive comment il faut manœuvrer pour ne point blesser l'iris ?.... Ce reproche ne revient-il pas de droit à votre méthode? car en poussant l'aiguille d'avant en arrière à travers la pupille, une fois cette ouverture franchie, il est impossible d'en apercevoir la pointe ; vous vous exposez donc alors à blesser les procès ciliaires, l'hyaloïde, et chacun sait que vous redoutez beaucoup ces accidens.

Votre avis est, « qu'on ne peut abattre faci- » lement les Cataractes membraneuses. »

Cette opération confiée à une main sûre et exercée, n'est pas plus difficile que les autres (1).

Même observation pour les Cataractes molles dont vous regardez « l'abaissement comme im-
» possible. »

J'opère bien souvent de semblables Cataractes. Si le liquide renfermé dans la cristalloïde est laiteux, je procède comme pour une Cataracte membraneuse secondaire (2) ; mais si le cristallin

---

(1) Le 25 juillet 1821, j'opérai d'une Cataracte membraneuse, madame Tifaine, propriétaire de l'hôtel du Centre à Montbrison, en présence de deux des meilleurs praticiens de cette ville, MM. les docteurs Vidal aîné et Gerentet; au moment où je perçais la sclérotique, cette dame fit un mouvement dont le résultat fut le passage de l'aiguille derrière la membrane opaque. Malgré cet accident l'opération ne fut pas plus longue, et madame Tifaine sortit le 8.e jour, entièrement rétablie et se servant de l'œil opéré.

(2) Le 24 juin 1823, j'opérai dans l'Hôpital de Gap (chef-lieu du département des Hautes-Alpes), le nommé Brutinel, cordonnier, âgé de 45 ans, et affecté d'une Cataracte qui me parut laiteuse. Je prévins le malade, ainsi que MM. les administrateurs de l'Hôpital et médecins de la ville présens, que si la Cataracte était laiteuse, comme je le présumais, il lui serait impossible de distinguer les objets après l'opération; mais je donnai l'assurance que la guérison serait complète. Je ne m'étais pas trompé : au moment où j'ouvris la capsule, le liquide s'échappa et

est mou, de consistance caseuse, j'adopte alors le broiement (1); la lentille et ses annexes étant décomposés, il m'est facile de broyer ces parties et de les diviser dans tous les sens; mais je ne tente pas de les abaisser ou de leur faire franchir la pupille, étant bien assuré que l'absorption ne tardera pas à m'en débarasser.

---

troubla bientôt la totalité de l'humeur aqueuse. Je n'en continuai pas moins mon opération, et le 8.e jour le malade entièrement rétabli put se rendre à l'église, l'œil découvert et sans aucun secours étranger.

(1) L'épouse de M. Carle, propriétaire à Arlane (Puy-de-Dôme), sexagénaire, et aveugle depuis 17 ans, se refusait à une opération qu'elle croyait inutile. Enfin, cédant aux sollicitations de madame Domergue, supérieure des Ursulines d'Ambert, que j'avais opérée et guérie huit jours auparavant, elle se rendit dans cette dernière ville. Nous examinâmes ses Cataractes avec son docteur, M. Collanges, médecin distingué par ses qualités personnelles et son profond savoir. La couleur blanche de ces Cataractes, nous les fit soupçonner molles, et, avant d'opérer, le docteur eut soin de prévenir la malade qu'elle ne recouvrerait pas la vue immédiatement après l'opération, qui fut telle que nous l'avions prévue. La Cataracte était de consistance caseuse; divisée et broiée, elle n'en conserva pas moins sa place, et madame Carle avait perdu l'espérance, quand le matin du 17.e jour, en se réveillant, elle aperçut son bras; depuis, la vue a été complètement rétablie.

Vous croyez « que le cristallin, quoique bien » abattu, peut remonter et détruire toutes les » espérances... » Ouvrez votre traité (pag. 94). Je le charge de la réponse ; vous dites, en parlant des Cataractes remontées :

« Quelle que soit la méthode d'abaissement em» ployée, il est possible que le cristallin remonte ; » cet accident sera d'autant moins fâcheux que » l'opération aura été plus simple et que l'œil » aura moins souffert. Dans ce cas, le malade » sera à peu près au même point où il était » avant l'opération. »

Ainsi, monsieur, toutes les espérances ne sont donc pas détruites ; d'ailleurs, il est facile déviter l'inconvénient dont vous parlez toutes les fois qu'on aura l'attention de déprimer le cristallin dans l'humeur vitrée.

En comparant les inconvéniens de la dépression avec ceux de l'extraction, vous pensez que « cette » dernière en présente un moins grand nombre ; » mais vous ajoutez qu'il en est un dont la gravité » balance tous les autres, et c'est la sortie du » corps vitré. » Je laisse à ceux qui donnent la préférence à cette méthode le soin de la justifier ; ils peuvent vous prouver facilement que cet accident est très-rare, lorsque l'opération est pratiquée par un chirurgien prudent et habile.

J'arrive à la description de votre méthode, de cette méthode qui présente tant d'avantages sans avoir les défauts de ses aînées !.... Passons sur le procédé opératoire, pour examiner les modifications dont vous le croyez susceptible, lorsque la Cataracte ne présente pas toutes les conditions favorables à l'opération ordinaire.

Vous dites (page 105.) :

« ABAISSEMENT ANTÉRO-POSTÉRIEUR pour les » Cataractes membraneuses et secondaires.

« Il est difficile de reconnaître d'avance, » comme je l'ai fait remarquer dans le diagnostic, si une Cataracte est membraneuse ; mais » si, dans ce cas, on avait des doutes sur cette » variété, on pourrait modifier l'opération de la » manière suivante : On porterait la pointe de » l'instrument sur le devant de la membrane » cristalloïde, et, en la promenant vers la circonférence pour l'inciser, ensuite en dirigeant » cette même pointe de haut en bas, on abaisserait toute la partie moyenne de cette membrane qui intercepte les rayons lumineux. »

Je répondrai : Membraneuse ou non, le bon sens veut qu'on opère comme pour une Cataracte ordinaire ; le procédé que vous conseillez, et qui consiste à laisser en place le cristallin après avoir enlevé une partie de la cristalloïde opaque, est impraticable.

Pag. 106. « Dans les Cataractes secondaires, » qui sont assez fréquentes après l'extraction et » l'abaissement ordinaire, on se contentera d'en-

» foncer très-peu la pointe de la lance dans la
» membrane opaque, et de l'abaisser comme si
» c'était un cristallin. Si elle offre quelques dif-
» ficultés, on pourrait les vaincre en incisant,
» comme je viens de le dire, pour les Cataractes
» membraneuses. »

Ici, monsieur, permettez-moi de vous demander si cet ingénieux procédé vous a réussi quelquefois ! Certain du contraire, je plaindrais les Oculistes qui seraient forcés de recourir à un pareil moyen; heureusement, pour l'humanité, l'art en enseigne qui sont plus sûrs et plus rationnels.

Scarpa prescrit, avec raison, la perforation de la cristalloïde, et il veut qu'on agrandisse cette ouverture avec la pointe de l'aiguille, et le plus possible.

On peut aussi introduire l'aiguille, comme dans l'abaissement ordinaire, et déchirer, avec cet instrument, la membrane; et comme il est reconnu que les fragmens ne peuvent être déprimés dans la chambre postérieure (remarquez bien cela), il faut les pousser en avant à travers la pupille. Ils ne tarderont pas à se précipiter dans la chambre antérieure, où ils simuleront une sorte d'hypopion jusqu'à ce que les absorbans s'en soient emparés.

La bonté de ces deux procédés est confirmée par l'expérience.

En nous parlant des Cataractes molles (p. 94),

vous assurez, « que pour elles l'abaisse-
» ment latéral est impossible. » J'ai déjà prouvé le contraire ; mais voyons si ce n'est pas plutôt à votre procédé qu'on peut appliquer ces reproches.

Abaissement ANTÉRO-POSTÉRIEUR pour les Cataractes molles ou laiteuses (page 106). « Dans
» ces sortes de cataractes on pourrait le plus
» souvent abaisser les parties comme dans le
» procédé principal. Ainsi, après avoir divisé la
» membrane cristalloïde, on abaisse légèrement
» avec l'extrémité de la lance, pendant qu'une
» portion de l'humeur, si elle est bien liquide,
» s'échappe en devant ; ensuite, on porte l'instru-
» ment en dessus pour abaisser complètement
» l'espèce de sac qui contient le cristallin dé-
» composé. Et, si quelques parcelles membra-
» neuses ont échappé à l'instrument, on les
» poursuit et on cherche à les réduire dans la
» même position que les parties principales.
» Alors, s'il est resté quelques parties du fluide
» opaque dans les chambres de l'œil, on peut
» espérer qu'une bienfaisante absorption les fera
» disparaître. »

J'ai déjà dit que votre conseil, de décoller le sac pour l'abaisser, était impratiquable ; la forme de l'instrument et la situation des parties s'y opposent. J'admets que vous puissiez déchirer la membrane, mais rien de plus ; et gardez-vous

d'aller

d'aller à la poursuite des parcelles membraneuses, car ce serait une témérité dangereuse et inutile.... Dangereuse, parce qu'on ne peut prolonger le séjour de l'aiguille dans un organe aussi délicat; inutile, puisque vous convenez que l'absorption suffit pour obtenir le résultat nécessaire à la réussite de l'opération.

Vous ajoutez : « Mais quand ces Cataractes » sont extrêmement molles, véritablement liquides, qu'elles forment une espèce d'épanchement qui remplit la chambre de l'œil, ne pourrait-on pas avoir recours au procédé suivant?

» Après avoir incisé la cornée et abattu partiellement la partie antérieure de la cristalloïde, » il me semble que l'on pourrait absorber le liquide épanché, avec une petite seringue à peu-près de même volume que celle d'Anel. » Et aussitôt cette idée lumineuse est suivie de l'indication « d'une pompe aspirante destinée au » même usage ! » Ah ! Docteur, quel luxe de découvertes !!....

Vient ensuite l'abaissement ANTÉRO-POSTÉRIEUR pour les Cataractes remontées.

Cette fois, vous convenez de la possibilité d'une seconde opération, c'est très-bien; mais il n'est pas exact de dire que le cristallin remonté reprend sa première place, puisque ce corps, soulevé par l'humeur aqueuse, se place immédiatement sur la pupille, et y contracte bientôt des adhérences qui rendent la seconde opération plus difficile, si on tarde trop à la pratiquer.

« Mais quelquefois, dites-vous encore, le cris-
» tallin a une grande tendance à passer dans la
» chambre antérieure, ne pourrait-on pas alors
» faciliter cette transition et ensuite l'extraire,
» comme je le dirai bientôt? Pour favoriser ce
» passage, on se servirait de la lance à hameçon,
» de Wenzel. On traverserait la cornée à sa
» partie externe, et on irait accrocher le cristallin
» que l'on amènerait dans la chambre antérieure
» où on le laisserait pendant un certain tems.
» L'expérience a prouvé que le cristallin *pouvait*
» *impunément rester dans la chambre anté-*
» *rieure*, et qu'il y diminuait peu à peu de volu-
» me par une lente absorption, et que quand on
» faisait l'extraction, il n'entraînait point alors
» après lui l'humeur vitrée. Je conseillerais donc,
» de laisser le cristallin, pendant quelque tems,
» dans la chambre antérieure, de détruire l'*irri-*
» *tation* ou l'*inflammation* de l'œil par des ap-
» plications convenables et les dérivatifs, et en-
» suite de l'extraire de la manière suivante, etc. »

Le remède est pire que le mal!..... Comment, monsieur, ce n'est pas assez des *seringues et des pompes aspirantes*, il vous faut encore *un hameçon pour harponner* le cristallin? hélas! quoique vous puissiez dire (une exception ne détruit pas la règle), il est bien prouvé que le séjour du cristallin dans la chambre antérieure, détermine toujours une inflammation grave et souvent la perte de l'œil. N'est-il donc pas plus convenable que, sans attendre le développement d'une phlegmasie violente pour avoir le plaisir de la combattre par des applications et des dérivatifs, on procède de suite à l'extraction de la lentille? c'est à mon avis le seul moyen dicté par la raison et l'expérience.

Après le détail des différentes modifications dont vous croyez susceptible l'abaissement ANTÉRO-POSTÉRIEUR, soit la kératonyxis, vous passez aux considérations de ses nombreux avantages. « Cette méthode, dites-vous, est si simple dans » ses moyens et dans son exécution, qu'on est » étonné qu'elle n'ait jamais été proposée !.... Il » paraît qu'il en est de cette opération comme » de la plupart des autres travaux de l'esprit » humain : on commence presque toujours par » des moyens extrêmement compliqués, et ce » n'est souvent qu'avec le tems que l'expérience » ramène à des moyens plus simples par lesquels » on aurait dû commencer. En parcourant les » nombreux auteurs qui, depuis Celse, ont écrit » sur cette opération, je croyais rencontrer à » chaque instant quelques traces de cette mé- » thode, et mon attente a toujours été trompée. »

1° Le chirurgien opère de la main droite sur l'un et l'autre œil, s'il n'est pas ambidextre ; et s'il se sert également des deux mains, il jouira de l'avantage réel de la position postérieure que j'ai indiquée. Cette situation donne à la main cette précision que l'on peut difficilement avoir en se plaçant devant le malade ; et de plus, l'opérateur voit mieux ce qu'il fait, parce qu'il ne porte pas ombre à ses manœuvres.

2° On ne craint pas les symptômes nerveux et inflammatoires qui suivaient souvent la piqûre de la sclérotique, des aponévroses et de quelques filets nerveux. La section de la cornée n'entraîne à aucun de ces accidens.

3° Cette section très-petite ne peut favoriser l'issue de l'humeur vitrée, lors même que cette dernière passerait dans la chambre antérieure ; elle ne s'échapperait pas au dehors, puisque l'humeur aqueuse elle-même ne sort pas complètement.

4° Le peu d'étendue de la plaie de la cornée fait qu'elle se cicatrise avec la plus grande facilité.

5° On ne blesse jamais le cercle et les procès ciliaires, ainsi que les nerfs du même nom, comme on le fait le plus souvent par l'abaissement postérieur.

6° L'instrument ne déchire pas l'hyaloïde, et ne traverse pas l'humeur vitrée ; et nous avons dit combien cette circonstance était défavorable au succès de l'opération.

7° On ne craint pas les hémorragies internes,

qui sont quelquefois la suite des procédés postérieurs : aucun vaisseau ne doit être lésé par cette méthode.

8° On n'appréhende pas de laisser la partie antérieure de la membrane cristalloïde, et on n'est pas obligé, pour la détruire ou l'abaisser, de recourir à ces déviations de l'instrument, qui sont quelquefois aussi inutiles que préjudiciables à l'œil.

9° Le cristallin remonte bien plus difficilement par cette méthode, parce que la membrane cristalloïde, en partie détruite, ne lui offre pas une espèce de gaîne où il peut remonter très-aisément, comme dans les autres procédés.

10° Le cristallin étant placé moins inférieurement et un peu en dehors de la chambre postérieure, la compression qu'il exerce sur les parties qui l'entourent, est moins violente que dans les procédés ordinaires, dans lesquels on est obligé de le porter plus profondément, pour ne pas le laisser paraître derrière la pupille.

Cette fois, monsieur, je voudrais bien encore combattre moi-même et détruire tant d'illusions, mais je ne suis qu'un Oculiste ; et comme ce titre produit sur vous le même effet que l'eau sur les hydrophobes, je craindrais quelques-unes de ces épithètes dont vous êtes si prodigue à leur égard. D'ailleurs, on ne doit pas être juge de sa propre cause, cherchons donc les argumens de ma défense dans une autorité plus imposante, et de laquelle vous ne puissiez contester ni l'esprit, ni les talens.

Abr. du Dic. des Sc. Méd. (P. 515 et 516).

« Si l'on compare entr'elles les deux métho-
» des de l'abaissement ordinaire, ou latéral, et
» de la kératonyxis, il est facile de démontrer
» que la première doit être préférée à la seconde.
» Il résulte d'opérations faites par Guillié, au
» moyen de l'introduction de l'aiguille à travers
» la cornée, que sur dix malades, trois seulement
» ont guéri parfaitement et immédiatement;
» quatre ont été opérés jusqu'à trois fois, le
» cristallin se reportant toujours vers la pupille;
» une était compliquée d'amaurose, et deux ont
» été suivies d'inflammation et d'adhérence de
» l'iris à la cornée. Dupuytren a obtenu pour ré-
» sultat, que la proportion des succès aux revers
» sur vingt-un malades fût comme dix-sept est à
» quatre. Il conclut également de ses observa-
» tions, relativement à la kératonyxis, que cette
» méthode n'est pas, en général, d'une exécu-
» tion plus facile que l'abaissement que l'on exé-
» cute en traversant la sclérotique : c'est d'ail-
» leurs un faible avantage de la pratiquer sur
» les deux yeux avec la même main, parce que
» l'aiguille et la main de l'opérateur étant situées
» entre l'œil de ce dernier et l'œil du malade,
» il est difficile de suivre et de diriger les mou-
» vemens de l'instrument. Il est facile aussi de

» remarquer que le bord pupillaire de l'iris, for-
» mant un cercle étroit dont on ne peut pas dé-
» passer les limites, les manœuvres que doit
» exécuter la pointe de l'aiguille, soit pour abais-
» ser la Cataracte, soit pour la diviser, soit pour
» détacher les lambeaux de la capsule cristalline
» qui adhèrent souvent aux procès ciliaires, sont
» très-gênées. Cette opération ne prévient pas,
» comme le prétendent Buchorn et Langenbeck,
» les accidens nerveux, et les inflammations qui
» suivent quelquefois les opérations de la Cata-
» racte par la méthode de la dépression; elle
» expose, au contraire, autant, et peut-être plus,
» les malades aux irritations de l'œil, que l'opé-
» ration à travers la sclérotique. L'opacité de la
» cornée, dans le point où cette membrane a été
» traversée, en est une conséquence assez ordi-
» naire et cette opacité incurable, s'étend quel-
» quefois à toute la partie centrale de la mem-
» brane qu'elle affecte; enfin, les relevés des
» opérations faites, suivant chacune de ces mé-
» thodes, chez des sujets placés dans les mêmes
» circonstances, n'ayant offert aucun avantage
» en faveur de la kératonyxis, il n'existe pas de
» raison sous ce rapport, pour la pratiquer plu-
» tôt que la ponction de la sclérotique; et celle-
» ci doit, au contraire, être préférée, à raison
» de la facilité de son exécution. »

Malgré la longueur de la présente, permettez-moi encore deux mots au sujet de *vos considérations* sur *les phlegmasies des yeux*. Ces considérations nous apprennent que depuis la publication de votre traité de Cataracte, vous avez ajouté aux perfections de votre méthode, qu'aujourd'hui vous préférez opérer en deux tems, quelquefois en trois et même plus, suivant les complications. Ainsi, le premier tems de votre opération est destiné à luxer le cristallin (luxer un cristallin !!!) Plus tard, vous soumettez le patient à une seconde épreuve, je veux dire un second tems, et si celui-ci ne réussit pas, quelques jours après vous en tentez un troisième, même un quatrième, etc., et toujours suivant les complications.

Hé bien, monsieur, malgré tant de belles choses, je crois que ces perfectionnemens peuvent aller de pair avec les *seringues et les pompes aspirantes !....* Je ne vois dans leur indication qu'un palliatif destiné à cacher une partie des défauts de l'abaissement ANTÉRO-POSTÉRIEUR, et je suis persuadé que vous ne trouverez pas plus d'avantages à les mettre en pratique, que de malades complaisans disposés à se faire percer l'œil trois ou quatre fois, afin de démontrer l'excellence de votre soi-disant méthode.

J'ai l'honneur de vous saluer.

THENADEY.

www.ingramcontent.com/pod-product-compliance
Ingram Content Group UK Ltd.
Pitfield, Milton Keynes, MK11 3LW, UK
UKHW021029220726
13924UKWH00001B/213

9 782019 652159